JN411251

꽃도둑

심지시선 035

꽃도둑

2017년 12월 9일 초판 1쇄 발행

지은이 박덕선
펴낸이 윤영진
편 집 함순례
디자인 한천규
펴낸곳 도서출판 심지
등록 제253호
주소 34623 대전광역시 동구 대전로 867번길 46
전화 042 635 9942
팩스 042 635 9941
전자우편 simji42@hanmail.net

ISBN 978-89-6627-147-4 03810

* 이 책은 경남문화예술진흥원으로부터 발간비 일부를 지원 받았습니다.

심지시선 035

꽃도둑

박덕선 시집

심지

□ 시인의 말

만삭의 몸으로 십수 년 시의 산실을 찾아 헤맸다. 무거운 시의 배를 쓸어안고 다독이다 보면, 그 사이 어떤 시는 너무 낡아 누더기가 되었고 어떤 시는 감정의 범람을 견디지 못하고 떠내려가기도 했다. 질타와 성찰의 방에서 마무리 되는 자성은 늘 삶이 곧 시여야 한다는 모토였다.

여성, 시민, 농민, 생태 운동가의 어느 집단에서도 온전하지 못한 경계인으로 떠다녔으나, 여전히 고향에서 여성이자 농민이며 생태운동가로서의 삶을 갈무리하고 있으나, 삶의 시작과 끝은 오로지 문학이었다.

시인으로 살다가 소설가로 죽고 싶었던 야심찬 어린 날의 꿈, 이제야 첫 집을 짓는다. 부디 이 시작이 나무들의 부질없는 희생이 되지 않기를.

2017년 겨울

박덕선

차례

제2부

제3부

제4부

제1부

꽃도둑

낮과 밤이 만나 꽃들을 낳았다고
아침이 말해주었지

우리는 모두 꽃들의 자손
꽃을 훔친 뭇 생명들
활발히 생동하는 정오

상수리나무 꽃 한 송이 피지 않았더라면
겨울 다람쥐의 봄은 없었을 것
바람이 벼꽃의 입술 훔치지 않았더라면
너도 없고 나도 없을 겨울의 나라

우리는 모두 꽃도둑
대지의 살림에서 훔친 꽃들로
날마다 풍성한 식탁.

괭이밥

내가 그랬지
네가 사는 곳이면 어디든 간다고
담장 너머 바다가 있다고 아무리 울러도
나는 네게 가서 피어날 거야

보도블록 틈새엔 먼지들이 살지
먼지들이 모여 흙이 되지
쓰리고 아픈 흙터가 뭉쳐 나를 키운다는 거
세상의 작은 것들은 다 알아

내가 샛노랗게 발정하고
볼이 미어터지게 익어가는 것은
먼지만큼의 힘을 갖고 싶기 때문이야

가끔씩 아래를 봐
샛노란 내 프로포즈를 받아줘.

게발선인장은 겨울에 핀다

혼자 꽃피는 일이 서럽다는
네 말에 누가 재갈을 물렸을까
꽃술 속에 갇힌 여자는
푸푸 불매를 불고 있다

혼자 먹는 밥에 자주 체하던
사막의 날들

지난한 생애 같아
화분 푸지게 부려 놓고 너는
저 혼자 치마 벌리더라

수직 절벽 고층아파트 난간에서
세상 향한 발정
혼곤한 자위

그 눈물로 달디단 세상.

구절초

솔숲에 구절초 피었네
구천을 떠돌던 영혼
이름 없이 스러진 죽음
구구절에 찾아 온다네

구구절절 서러운 사연
안개처럼 풀어놓은 산 숲에
은하수 같은 꽃무리
구절초가 피어

아프지 마라 외롭지 마라
향기로운 꽃내음
함께 어우러진 치유의 꽃숲

구월의 언덕 산 숲에
그 많은 사연 수런수런 환히
구절초 피면

산산 곡곡 꽃무리 하얀 꽃잎 위로
별이 진다네.

꽃의 힘

켜켜로 접힌 꽃잎 속에
자갈논도 적실만 한 내가 흐른다네
콸콸콸 쏟아지지 않아도
천지를 바꾸는
꽃잎 속의 저 물길

꽃봉오리 속에는 세상을
들어 올릴 힘이 들어 있다네
꽃술이 뜨거운 숨결로
꽃잎을 밀어 올리고
꽃받침 푸른 띠 툭 터뜨리면
분수처럼 생명이 솟는다네

꽃은 그렇게 사랑하지만
벌은 그저 촉수 비비며 한배 가득 꿀만 채우고
지들의 세상 유랑하지만
꽃이 홀로 씨앗 품으며

발정 난 바람 한 줄기에도
치마 흔드는 것
눈물처럼 하염없이 지면서도
옹골찬 열매 무한정 키워내는 것

꽃 지면 떠나버리는
벌들이 어떻게 알아.

꽃밥

꽃으로 밥을 짓던 할머니
뒷산으로 가시고 난 후에야
밥이 꽃의 일인 줄 알았다

후두둑 훑어 맛나게도 씹어 먹던 아카시
그 향기는 큰집 언니의 머리카락에서도
더러 났지만, 그 맛있는 소리는 할머니만이 낼 수 있었다
조팝꽃 흐드러질 때도 꽃은 이내 소복한 흰 쌀밥이 되
었다

꽃이 밥이 되던 시절에 그녀는
밥을 먹으러 산에 오르곤 했다

봄이 되면 입 안이 미어질 듯
배를 두들기며 밥을 먹고 있었다는 것을 알고 난 후

찔레꽃 따 먹으며 더 이상 울지 않았다
꽃과 밥이 어찌 같냐고 우기지 않아도

밥에서는 더 이상 조팝꽃 향기도 할머니 웃음도 나지 않았다.

밥은 이제 꽃의 일이 되었고
꽃은 이제 저 혼자 피었다 진다.

봄맞이꽃

정도 많아라
그 팔 모두 벌려 세상을 다 안겠다고
겨울바람 잦아든 서릿발 아래
황새처럼 긴 모가지 시리고 시려
길게 빼물다가 그만 웃어버린
헤프디헤프던 순애야
웃음마다 꽃이 피니 봄이구나

세상 어느 꽃인들 뜨겁지 않겠느냐마는
미풍 한 올 허리 감아도 그만 까르륵
웃어대던 우물가 가시내들 부푼 정이
튀밥처럼 흩어졌던 배고픈 봄날

그 넘치던 정
회빛 세상 차가운 바람에 모두 밀려나도
너는 그렇게
아직도 나눌 게 많아
머시매들 괭이질 야멸찬 들판에도

용케 피어 흐드러졌구나.

석산

섬진강 물길 불일폭포 아래
가을 쌍계사엔
부처님 불타는 가슴
꽃으로 피어났더라

석산. 석산.
가부좌 틀고 참선하다 그만 꽃이 되어버린
천수보살 수없는 팔 같은 꽃잎이
하늘을 떠안고 피어 있더라

연둣빛 꽃대 햇빛 받아 비늘 일면
아래로 아래로 세상을 위해
촛농 같은 눈물 흘려 줄 것도 같은
꽃무릇이 피어
쌍계사 중생들
마악 해탈하고 있더라.

만삭의 봄

— 목련

겨울은 언제나 그 자리에서
모닥불을 끄며 수만 개 무덤을 만들고
씨앗들의 입을 막았다

겨울의 옷 두꺼워질수록 시린 뼈
바람의 아이를 품고
배가 불렀다

삼월이 꿈틀거릴 때마다
실금 가는 만삭의 배
가얏고 현줄 튀 듯
수태고지를 넘고 있다

이젠 정말 놓아주어야지
창틀 넘어 훈풍 한 자락에 이슬처럼
울던 여자였다.

엉겅퀴꽃

정희야, 둘이야
해거름녘 언덕 배고픈 초승달
미싱소리에 가는귀 먹먹해도
지친 어깨 가장의 견장
자랑스레 달고 웃던 가시내야

올 테면 와봐라 한번 붙어보자 세상아
씩씩하게 흩어져간 맹세
오월 언덕 가득 돌아왔다

네 가시 여직 성성하고
네 그 꽃받침 까치랍고 투박하나
고운 영혼 지켜내느라 날이 섰구나

검버섯 피고
군살 붙은 어깨로 밀어부친 세상살이
그래도 계집애야

부드럽고 고운 꽃잎
홍자색 연가슴은 고이도 간직했구나.

파리지옥

내가 파리를 사랑하는 것에 대해
사람들은 말이 많다
파리를 유혹하기 위한 세이렌의 노래
웅성거림

사람들은 파리와의 사랑으로 내 꽃대
더 길게 울던 것에 대해서는 침묵한다
그를 사랑하여 깊고 질펀한
죽음의 잔치를 열고 우리는
한 송이 꽃으로 눈물도 없이 지는 것이다

그 사랑을 이루기 위해 나는
한 생애 파리를 기다리고
사랑하고 먹이고 그를 안고 으스러지게
죽이며 오직 사랑했을 뿐이다

효도의 이름으로 부모를 파는 자식이나
믿음의 이름으로 남편을 파는 아내나

사랑의 이름으로 아내를 파는 남편이나

파리는 가장 행복한 지옥에서
깊은 사랑에 빠졌을 뿐이다
지옥이 불행하다고 굳게 믿는 것은
아직도 말이 많은 그들 생각일 뿐이다.

엄마의 꽃밭

양옥이 들어앉으며 마당을 먹어 버렸다

낮은 지붕 옛집 반은 화단이었다
작약꽃 새순이 개나리 가지 간질이면
웃음 참지 못해 오줌 싸던 순화처럼
붉디붉게 피어나던 밥풀데기꽃
모란이 붉게 우거지면 울엄마
회장저고리 앞섶 같은 나풀웃음
그것이 나는 좋아서

부슬비 땅 적시는 날
과꽃 맨드라미 백일홍……
이웃 마을까지 모종 구해다
온 마당 파헤쳐 놓으면
발 들고 다니라냐? 지청구 하시면서도
자꾸 웃으시던 울엄마

새집 짓고 화단 잃어

담장 너머 골목길에 화단을 만드셨다
구절초 쑥부쟁이 조밥나물 초롱담……
비료푸대에도 깨진 바가지에도
주저리 열리는 꽃송이들
지난가을 뒷산에서 따다 심은 꽃씨들이
주름살을 펴며 웃는데

까마중 농익은 열매 한줌 따서
능소화 담장 넘 듯 고개 빼고
엄마아 하고
자꾸 불러 보는 것이다.

꽃이 피는 내력

사냥 온 선비한테 바친
순정으로 쑥부쟁이 피고
심청 같은 도라지
아비 빚 갚으러 늙은이한테
시집가는 날 죽어 꽃이 되었다

딸들의 죽음이 피운 꽃은
천지사방 흐드러져
탐욕 성한 벌들 먹여 살리고

벼꽃이 피운 살 발라 먹고
살이 찐 아비들
도화 꽃 다디단 엉덩이
툭툭 치며 불콰해 돌아온 날
너희들 먹여 살리느라 힘들다
꽃 때문에 못 살겠단다

점. 점. 점. 툭

꽃들이 진다.

제2부

오월, 왁자한 생의 바다

바다, 물기 그윽한 낙조
달무리 지지 않아도
내일은 비가 내리리

오월이 갈망하는 초록은
비린내 무성한 수태고지다
시큼한 살구 텁텁한 풋감이 꽃자리 떨구고
출산의 아우성 푸른 피 가득한 산실이다

물끄러미 노을이 진다
산허리 감싼 물안개 사이로
일렁이는 물결
노을빛이 자궁을 열고
산꿩의 진통을 싸안으면

풀꾹새 축가 드높이
오월은 비린내 물씬
양수를 쏟는다.

즐거운 식사

너를 먹어야 내가 산다
아비는 어미를 먹고
어미는 아이를 먹고
아이는 조기 눈알
맛있게 빨고는 입맛을 다신다

하얗게 이승을 버린 쌀눈들이
순교자처럼 제단에 오르고
식탁 위의 세상에 고요히 먹힌다

씨눈의 살들을 맛있게 먹으며
살아 있는 것들은 죽어가고
죽어간 것들은
영혼도 없이 빛이 된다

내가 먹은 수천의 생명
나를 먹은 세상의 입들이
천연덕스럽게 모여

다정한 밥상 풍경이 된다.

병아리 뽑기

알을 낳지 못해 슬픈 짐승아
샛노랗고 부드러운 털이
미끼가 되고 말았구나
인형 뽑기 유리 상자는
물방개도 햄스터도 쑥쑥 뽑아내는
로봇에 식상한 아이가 흠씬 빠진 움직이는 장난감
길가에 나앉은 오백 원짜리 삶

삐악삐악 힘에 겨운
물 한 모금 입에 물고 쳐다본 하늘
쇠갈쿠리 이백 원 동전에
홰를 치던 새벽도
거느리던 암탉도 모두
동화책 속의 멀고 먼 옛이야기

너희 조상이 울던 울음
더 이상 태양을 깨울 수 없어
뽑기 통에 나앉은

그래도 피 뜨거운 생명아

살보리심

어시장 물오른 새벽
목도리 둥쳐 맨 할머니
갈기 푸른 사자다

새하얀 입김 훅훅 겨울을 밀어내고
은비늘 낭자한 몸베바지 위로
푸지게 바다를 낳는다

오동동 골목길을 투사처럼 걸으며
수십 년을 깨우던 생의 아침
비린내 물씬 시끌벅적한 좌판

거북등 할머니 두텁손
파도를 헤치던 숭어 한 마리
순식간에 목을 따고 비늘을 친다

살보리심, 살보리심……
미안하데이 다시는 사람한테 멕히는

물고기로 나지 마레이
원시주술사 모계사회 그녀처럼
주문 계속 되는 동안
지느러미 떨던 숭어 잠잠히 심장을 멈춘다

넘의 살 안 먹고는 살 수 없는 게 명줄이지만
고마운 줄은 알아야 사람이제
뜨건 물 수채에 바로 버리면
그 아래 미물들 다친다고 식혀서 버리던
세상을 낳고 키운 할머니 어머니들.

마산만의 막내야

아버지를 살리기 위해
저승에 불사약 가지러 갔던 막내딸
바리데기야

너를 버린 아버지 도시가
욕망으로 흥청대고 토사물 마구 쏟을 때
숨을 할딱이며
갯벌 속 미물들 생을 꾸리며
죽어가면서 울지도 못했던 막내야

갈매기 나는 금빛 바다 그리며
봉암교 아래서 고즈넉이 울며 울며
끝없이 새끼를 낳고 숨구멍 열어
아비 잘못을 빌고 있었더구나

도요새 떼 한 무리 놀러 오면
아낌없이 내어주던 지렁이 방게
갈대 속살들

속으로 울며 일어서던 생명이
마산만 물빛을 헹구었다는 걸
뒤늦게 깨달은 아버지가
후회하며 불렀던 막내야

네 품이 한없이 따스하구나
각혈하던 어미를 살리고
과욕으로 얻은 아비 병을
고치기 위해 지옥을 살았을
바리데기 봉암갯벌
장한 막내야

난시

눈동자 가운데로 모으고 살짝 찡그리면
해파리처럼 흐물흐물 퍼지던 물체가
제자리로 오롯해지지
그럴 때만
작은 것이 보여

난시 속의 세상은
두리뭉실 뭉둥그레 흐물렁
대강대강 흔들리며 살아보자고
실루엣으로 웃지

맑은 눈으로 세상 보기가
실명으로 가는 길이였다고
시를 쓰는 네가 고백해 올 때
비로소 미간 주름 곧추세웠지
실명으로 얻은 세상

내일 그 다음 내일에

빛없이 사라질지 모르는 작은 것들
마지막 조리개가 기억하는
세상의 스펙트럼 잃지 않기 위해
내 찡그림 더없이 경건하다.

손

— 이카로스의 날개

지문이 기억하는 내 손의 역사를
따라가다 보면
이내 미로 속으로 빠져 버린다
막다른 골목에 갇혀
방황하는 벼랑 끝
깊은 골을 파고 물길을 찾는다

손등은 알 수 없는
손바닥의 은밀한 결탁
저마다 발빼하며 달음질치다
마디 끝에 걸려 필라멘트처럼 굽고

날개는 어디에도 없다
태양에 너무 다가간 이카로스

물길을 따라가라
너는 녹고 있어
아버지 목소리 다급하게 잦고

날개는 산산이 골목길로 내려앉는다

손금 속에 출구가 없다
날아오르는 길은
은어처럼 역류하는 일

이제는 장대가 필요하다.

영접

외출 길 대문 앞에서
갑작스런 소나기 쏟아지면
습관처럼 하늘을 보게 되지

무슨 일이 일어난 걸까
우박 섞인 소나기가 후두둑 떨어지자
내 손바닥에 툭 떨어진
새끼제비 한 마리

첫 비행이었구나
선홍색 피 손바닥에 번지고
파르르 떨던 다리 잠잠히 잦아든다
빗소리 우두둑 땅바닥 휩쓸고
어미 제비 울며 선회하다 간 자리에
속수무책으로 선 나와
마악 눈을 감은 너

너는 어떻게 허공을 질러 내게 왔을까

내 손가슴에 날개를 묻은
주검을 안고 하늘을 본다

네가 펼치려 한 날개
내 겨드랑이에 스몄으니

자, 날갯짓 해봐, 할 수 있지?

이제 됐어?

그녀의 유서는 파랗게 독이 올랐다
이제 됐냐고!
벌겋게 우는 강을 바라보며
종일 비는 내리고

1등만 하면 뭐든 다 할 수 있다고
윽박지르는 칠흑 같은 우레

무지갯빛 희망 고문
풀면 풀수록 짙어지는 절망
윗물에 아랫물이 묻는다

학교에서 도서관에서
출셋길 찾기가
윗물을 맑히는 길인지
아랫물 흐리는 길인지

1등 성적표 들고 들어온
그녀가 남기고 떠난 한마디

풀이 아니어서 미안해

숨쉬기 밥 먹기 움직이기 잠자기 쏟아내기
파헤치기 말뚝 박기 우뚝우뚝 세우기 무너뜨리기
버리기 태우기 연기 매캐하기 새까맣게 덮기

내 발자국 아래 쓰러지기 생채로 뽑혀나가기 흔적 없이
사라지기 자연도태 인위도태 사라진 것들 기억 지우기

살아 있는 것만으로도 죄가 되니 나무가 되겠다고
물만 마시던 소설 속의 그녀는 숲으로 갔을까

태어나 기저귀 버리는 것부터 쌓아 온다면
우리가 버린 쓰레기는 몇 개의 산이 될까

죽어서는 뼛가루로 물을 더럽히는 인간의 삶
풀이 아니어서 정말 미안해

찔레꽃 피면

뻐꾹새 빈 숲 깨우는 소리에
환히 피어나던 초여름 숲

홀로
고개 넘던 새벽 길섶의 고요
서럽고도 서러워 꽃잎 휘늘어지게
이슬 달았나

누구나 홀로 가는 승천 길이라지만
흰 웃음 노란 목젖 아래 애면글면
매달리는 억만 통곡 어찌 뿌리치고
바보같이. 바보같이.

햇살 풀어 진혼무 추던
오월 스무사흘
부엉바위 산자락 구비마다
하이얀 울음
내를 이루더니

한숨으로 가꾼 민주주의
낮은 덤불에 구름처럼 피우라고
목숨 바친 당부 하얗게 흐드러졌나

북망산 언덕에도 오월이면
희디흰 내 사랑
뭉게뭉게 피겠지요.

터치 터치 내 사랑

스마트한 당신
손끝 한 점 온기 내게 주면
내 모든 것 다 바치겠어요
나에게로 오세요 터치 터치 온

무한 정보세계
나의 시는 고장 난 도구
팔딱이는 정보의 심장엔
스마트한 당신이 깜빡이고
그 맹목적 유혹을 놓을 수 없어요

터치 터치
어디에 있냐고 묻지 말아요
내 영혼의 현주소는 GPS가 알려 줄 거예요

와이파이의 은총이 내리는 곳으로 나를 데려다줘요
파장, 파장, LTE WAP 파장
무한 앱의 세계로 나를 데려다줘요

무한 파장의 세계에서 빛이 되고 말테요
터치 터치 내가 되어버린 당신.

노란 예수님

새벽의 푸른 신호등 반짝 눈 뜨면
붉은 선 넘어 그들이 돌아온다

선남선녀들은
새벽이 오기 전
비듬 털 듯 죄를 털고
어제의 비린 땀 씻으면 그만

태양이 세례 하는
대낮의 천국을 걸어간다

밤이 또 오고
선한 아담 착한 이브
붉은 강 너머 놀다 올 동안
거리의 노란 예수님
지난밤 토사물 거두며
새벽길을 치운다

하얀 십자가 야광복 입고
아직 어둔 골목에서
사람들이 껍질처럼 벗고 간
죄를 쓸고 있다

도시의 십자가
예수처럼 온 밤을 지킨다.

맞짱

6월 숲, 초록의 암내
산딸기 휘늘어진 덤불 아래
알록달록 붉은 띠 두른
새까만 화사 한 마리
고개 쳐들고 길을 막는다

내 길에 저 뱀이 들어 온 건지
내가 제 길로 들어선 건지
우리 둘은 그렇게 마주 섰다
도도한 눈싸움 걸어오는 저 뱀 대가리
핏대 세운 목줄기 아래 선이
비수처럼 날 것 같다

네가 물기 전에 어서
흙을 집어 먹으면……
먼저 눈만 깜박여도 진다

햇살에 네 눈이 찔릴 때까지

독을 품고 설 수밖에 없는
생존,
후들거리는 다리 왼쪽으로 날쌔게 나는 순간
쉬쉬쉭 칼날 같은 네 몸뚱아리
한낮을 매섭게 가르고 간다

두 생명이 바르르 떨던 자리
햇살 아래 산딸기 더욱 붉다
산속엔 다시
자웅들 무성한 산란.

제3부

변명

미안해요, 너무 바빠 시간이 안 나네요
어쩌지요?

바빠서 백화점 갈 수 없고
바빠서 여행 갈 수 없으며
바빠서 같이 밥 먹을 수도 없으며
바빠서 네 전화도 받지 못했다

그렇다고 차마
외롭다고 말할 수 없었다
무엇보다도 차마
돈이 없다고 말할 수 없었다

바쁘다는 말은 얼마나 근사한가?

종일 나랑 놀았다

나하고 나랑 그렇게 창가에 앉아
무릎에 고개를 묻고 도란도란

세상이 나한테만 혹독하다고 하소연하는 내게
너는 가만가만 나직하게 내려다보며 뚝뚝 울어주었지

그동안 나를 위해 울어줄 시간마저도 없어서
가슴에 물이 찬 것이라고 다독다독

출렁이다 넘쳐서 범람할 거라고
악을 쓰며 바다로 가겠다고 하자

너는 바다 속에서 눈물이 된 그들 이야기를 들려준다
엄마들이 너무 많이 울어서 바다는 자꾸 넘치는 거야

네가 영롱하게 넘치는 술 한 잔을 건네며
이제 그만 바다로 간 새끼는 놓아주자고 말했을 때
술맛이 쓴 것이 아니라 짜다는 걸 알았네

그렇게 찰랑대며 바다를 마시며 놀았지
지는 해가 기우뚱 내 안에 빠져들 때까지
발갛게 놀았지

내 진실한 벗 나와
두 손을 마주 잡고 쓰다듬으며
세상에서 더없이 따뜻한 사랑을 나누었네.

가을 바람나다

소슬한 네 노래 노을에 질 때
반백 년 묵은 정
내 사랑 지고 있다

열꽃 핀 마음은 일상을 버리자 하고
평온이 애절히 붙잡을 때마다
나는 휘파람을 불었다

네게로 가는 길은
시린 그림자로 댓잎처럼 우는 일
그 물렁했던 여름 까슬히 여물리려
잎겨드랑이 펼치며 바람났다

사랑하지 말아야 한다
벼리고 벼렸던 마음
바래고 사윌 때까지 지치도록
바람, 떠돌기만 해야 한다

멀고 먼 역마의 시간이
빨강 빨강 노랑 노랑
꽃이 될 즈음이면
네 가슴 우물 깊은 거기
나뭇잎 한 장 스윽 내려앉듯
나는 네게로 간다.

임신

내 배를 빌려 세상으로 오겠다고
닻을 내린 씨앗 하나
아득한 어지러움
뿌리 트는 생명 밤낮없이 노를 젓는다
뭍에 닿기 위한 입덧의 멀미
가슴골에 달 하나 떴다
내가 왔던 거기 그곳에서 손짓하는
미지의 신호

우렁이 알 속 갉히던 내 어미 사랑
이제사 기억하며

이 하나 뽑아 기둥 세우고
살 섞어 터 잡고
힘줄 뽑아 서까래 치고
내 핏줄 하나 질기게 엮는다
간 한쪽 떼서 바람벽 막고
헐떡이며 울타리 친다

마지막 심장의 동아줄 이어
내 피 넣어준
뜨거운 해 하나 세상에 떠오른다

이 타는 황홀의 아픔.

풋콩 까는 시간

생의 배꼽을 열고 설익은 나를 꺼냅니다

비린내 애잔한 등을 지고
어머니가 부려놓은 강낭콩 꼬투리

엄마,
당신 자식으로 익히고 싶던
굳고 야무진 태 안의 기억

엄마처럼 살지 않겠다고
서둘러 빠져나온 배반의 시간이
노을빛에 익어가네요

당신만큼 깊어질 때까지
세월의 물레를 잣아야 한다고

어머니,
등짐 부려놓은 해질녘

풋콩을 까며 문득
비린내 가득한 생의 근원을 찾아
좀 더 기다렸어야 했나
붉게 웃는 설익은 나를 봅니다.

손금

가시 숲 헤치며 기진한 운명선 하나
팔목을 박차며 가로질러 오른다
거센 팔자길 애써 묻어 두었던
웅숭깊은 가시덤불 헤치며
운명 줄 거머쥐고
그네 뛰듯
푸른 맥이 뛴다

지능선을 넘고 감정선을 넘어
운명의 푸른 선 넘넘실 오르고 있다

손바닥 어지러운 선 아래
움츠렸던 야망이 머리를 턴다
심장박동이 뛰고
죽지뼈가 근질거린다

나무가 일어선다
내 잎맥의

씩씩한 물관부.

열꽃

내 달팽이관 뒤에는
영원을 향해 오르는 계단이 있다
혹독한 세파 신열을 몰고 올 때나
꿈길에서 만난 절벽 아득할 때
나선의 긴 계단 굽이굽이에서
스. 타. 카. 토.
그루터기 같은 기억들이 거기서 산다

할아버지가 만들어준 나무의자
풀쩍 올라서면 다다르는
가지 끝 아득히
감꽃.
늙은 백자 연적 같은 돌기들이 내는
숨소리 아찔한 순간
툭, 깍지가 벗겨지던 순간

얼기 설던 돌담이 흔들렸던가
막 담을 넘던 참나리 한 송이

꽃잎을 벌려서는
바람과 홀레질 하려던 찰나
와르르 무너졌지 아마

무너지는 게 어디 일상뿐이더냐고
나를 흔들던 감꽃 목걸이
너의 아련한 실루엣
따라 나오면 말갛던 아침 해

누에

한평생 일 놓아 본 적 없는 외할머니
구순 세월의 껍질 그리도 두꺼울 줄이야
수백 겹 주름살
포개고 접은 집에 번데기처럼 눕는다

어제는 종일
미음 한 술 안 뜨고
생의 누린 흔적 항문을 열고
온몸을 비우셨다

만잠을 자고 섶에 오르기 전
잘 익은 누에를 본 적 있다
아른아른 이슬 먹은 미명
한 몸 가득 투명한 햇살

고치 집에 드셨다.

집 사던 날

팔순 어머니가 백만 원 모으는 동안
마당가 수수꽃다리
아이 젖몽오리 같은 꽃송이
몇 번 피었다 졌을까
고추 꼭지 10키로 따
하루에 천 원씩 보태느라 해 저물면
물밥처럼 퍼지던 외로운 밤들이
참개구리 알 낳듯 만져지는
만 원 한 장
그렇게 백날이 몇 번 가서야
사주단자 쌌던 비단 보따리 허리에 두르고
아들네 집들이 오신 날
살아생전 최고 재미난 일이 에미 노릇 하는 일이라고
귀 닳고 닳아 똥종이 뭉치처럼
부푼 부황의 세월 서리서리 묶어서
이불 밑에 넣어 주신 백만 원
꽃이 피었습니다.

빈집

하동군 옥종면 한계골 577번지
우체부 아재도 고지서 징수원도 오지 않는
고동색 페인트 벌건 녹물 우줄우줄
울 것 같은 오줌싸개 아이처럼
웅크리고 있는 집

마당엔 무성한 잡풀
바랭이 망초 질경이 애기똥풀까장
줄줄이 자식 달고 바람난 과부처럼
수풀만 짙다

물동이 이고 새벽을 깨웠을
안주인은 유똥치마 깡똥하니 입고
액자 두께보다 먼지가 두꺼운
사진틀 속에서 누렇게 웃고 있다
상기둥 세우고 터 울렸을
바깥양반 깜장 두루마기 입은 채
아직 눈 부릅뜨고 집을 지킨다

기운차게 저승까지 걸어갔을
팔자걸음으로

군복 입은 저 아들이
군복 입은 아들을 낳았을 세월 속에서
축담 밑에 삭아 엎어진 쟁기 섶이
제풀에 바스러지고 있다

장고방에 가득 찼을 나락 가마니의 영화가
저녁연기처럼 하늘로 올라버린 제동 댁내 식구들
어디서 저 강아지풀처럼 흔들리고 있을까

빈 지붕에 참새 몇 마리 앉아
지들끼리 집 보고 있다.

어머니의 둥지

어머니는 새가 될 모양이다
콩닥거리던 가슴에 오늘도
실핏줄 서늘한 죽지뼈 하나
세우시고 숨이 가쁘시다

벗어둔 양말짝 같은 목덜미
파르르 피피 노랫소리, 그래 그 소리
비비비하고 울던 새가
동네 뒷산에서 자주 울었지

야, 야이~ 여기 좀 봐라
어깻죽지가 자꾸 근질거린다
천사가 될랑갑십니더, 어머니

요양원 앞뜰에 앉은 가을이
천국 같지 않냐고 내가 우기자
너거 집에 가서 살고 잡다
어머니 어머니

여기만큼 살기 좋은 곳 없십니더
요양보호사 말부조에 눈 흘기시며
이제 깃털만 솟으면 날개로 변할
뼈만 남은 팔목 아프게 놓는다

돌아서는 어깨 너머로
너 혼자 가냐, 너만 갈 거이냐
비비새 구슬피 운다.

비비새 날던 날

고무호스로 죽 넣기를 거부하신 어머니를 아이들 방에 모셨다

어머니 밤마다 사투를 벌인다 시커먼 놈들이 자꾸 들어오니 문 잠가라 문 잠가 밤새 외쳐도 죽은 듯 잠든 자식들… 불이야, 동네 사람들아 불났다 곡기 끊은 지 사흘이 돼 가는데도 어머니 저 힘은 어디서 오는 것일까

어머니제가쫓았습니다불도껐구요시커먼놈들자꾸오거든밝은데로도망가세요아무리먼길이라도빛만보고가세요종을울리며가세요어머니어머니호르륵호각불며가세요흰옷입은사람만나거든옷자락잡고늘어지세요들리세요어머니?보이세요어머니?제손놓으시면안돼요

우리 옛날 얘기해요 어머니, 제가 첫애 낳았을 때 미역국 한 그릇도 안 끓여주셔서 많이 서운했어요 신접살림 차릴 때 빈손으로 나와도 신랑 좋아 살았는데, 왜 저만 미워하셨어요? 입덧 할때 먹고 싶던 홍시 그거 왜 애비만 먹으

라고 하셨어요? 왜 그랬어요 어머니? …… 알겠어요 어머니, 손 꼭 잡고 있을게요

그래요 어머니, 새집 사서 이사 오던 날 고추 꼭지 따서 모은 돈 백만 원 정말 고마웠어요 어머니, 그때 감사 인사 못했어요 요양원 계실 때 따라오고 싶다는 어머니 혼자 두고 돌아와서 죄송해요 용서하세요 어머니, 서운한 맘 모두 털고 훨훨 새가 되어 날아가세요 어머니, 저 보세요 해가 뜹니다 놈들은 다 도망갔어요 소풍 가듯 노래 부르며 가세요 어머니 좋아하시던 처녀 농군 불러드릴게요 구름처럼 날아가세요 어머니, 비비새 우는 소리 들리지요? 아, 어머니 이젠 맘 놓고 숨을 놓으세요 안녕히 가세요, 어머니.

황매산

황매산에 가면
모롱이마다 흰 등성이에
남루한 조끼 걸치고 비닐포대 든
일흔 살 환경보호 할아버지가 있다

알 하나밖에 없는 안경으로 흔들리는 산
길섶 등골나물, 저 혼자 흔들리는 못난 들꽃처럼
사계절 그렇게
상처 난 돌길이랑, 쓰레기 뒤집어쓴 철쭉
미나리아재비 뒤를 돌보는 사람이 살고 있다

세상 산야 모든 안부가 궁금해서
들판에서 살 수밖에 없는 사람
추석날 동네길 다듬다가 한쪽 눈 잃고
황매산마저 잃어버릴 뻔한 사람

그가 가고 있다
헌 포대 같은 몸을 끌고

황매산이 안아 올려 한 그루 떡갈나무가 될 때
그때가 그의 손에 들린 넝마 집게
집게 같은 손, 풀물 푸르 푸르 검어진 틈
새에서도 물매화 한 송이 피어날 것이다

그가 오늘도
숱한 사람들이 버리고 간 쾌락의 껍데기
성스럽게 주워 올려서는 보물처럼 포대에 담는다
그의 눈동자 속에서 황매산 들풀들이
싹을 틔운다 꽃이 핀다

무심히 그가 일어서면
우뚝 상봉이 두 팔 벌려 안아 올릴 것 같은.

내소사에서

내소사 전나무 숲에서
하늘을 찌르고 있는 나를 보았다
나뭇가지 휘어잡고 튕기며
문득 가지를 차고 올라서는
욕구가 스멀거릴 때마다 하나씩
죽였던 사람들을 만나고 싶다

죄가 없어 미웠던 아버지.
내 생의 가지가 부러질 때마다
한 마디씩 뚝뚝 꺾어
무심한 눈 노려보며 찔러 버렸을

숨 막히게 살고 싶은 숲길에서
한쪽 눈으로 걸어봤다
공부도 못 시켜줄걸 뭐 하러 낳았냐고
세차게 꺾었던 가지에 피가 흐르고
아버지 기우뚱, 절뚝, 멀미내는 하늘

나는 이내 두 눈을 싸쥐고 앉아
내가 죽인 사람들을 생각한다

내소사 앞에 가면
선 채로 부처가 된 수십 그루 전나무가
손바닥으로 하늘을 가려도 웃어준다

그 위에
죄 없어 애꾸가 된
아버지 눈 한쪽이 해탈하여
살고 있다 살고 있다 한다.

파래

연애 시절 그의 입 속에서는 파래 냄새가 났다
외딴섬 오두막 뒷담에 널려 파르쌉살 날리던 그 향
그 목젖을 따라 넘어가면
출렁이는 바닷가에 다다를 것 같았다

빨간 입술이 향기롭던 신혼의 그
열에 들뜬 그 입술을 열면 아리한 생강 내와
시골 텃밭 갓 뽑힌 배추 내가 서로 부둥켜안고
마늘 같은 이 사이로 곱게 버무려진
가을마당 생김치 내가 났다

그와 안고 나면 연방 배가 고팠던
그 맛있던 냄새

그는 이제 치약 향 뒤끝에 묻어나는
군내를 숨기려고 향수를 뿌린다
이전보다 더 화려한 향내가 나는
주름살 많은 그는

입맞춤이 싫다는 아내 때문에
파래를 자주 사 온다.

막순이

냉해가 덮친 그해 여름
벼알들은 여물지도 못한 채
꼿꼿이 말라 갔다

농사 빚은커녕
아홉 식구 먹을 식량도 못 건져
뜬내 나는 정부미로 밥을 안치던 엄마는
아궁이 앞에 앉아 울고
아버지는 여물솥에 불 지피며 울 때
화등잔 같은 큰 눈
다섯 살 우리 암소 막순이도 울었다

한 구유 가득 소죽을 퍼먹이던 아버지
뒷동산으로 송아지를 내쫓던 나는
산밑 아랫배미 막순이가 지켜낸
그 논에서 매애 매애 같이 울었다

소를 팔지 않으면 논을 팔아야 했던

그해 겨울
송아지는 기어코 소장수네로 에미 따라갔다가
코뚜레를 꿰서야 돌아왔지만

송아지도 나도 잊을 수 없는 눈동자 있어
슬픔에 겨운 봄을 맞곤 했다
송아지는 새끼를 낳고 대를 이어
논을 갈고 밭을 일구며
아버지랑 여섯 새끼를 길러냈지만

이제 소는 들판에서도 밥상에서도
밀려나 동화 속의 누렁이로 남았다.

현봉선생 1

돈 버는 재주 모자라
나뭇등걸 돌판에 말 걸던
비음산 기슭 사립문집 현봉이

그의 노래는 변명이고
그의 사색은 게으름이며
그의 발걸음은 무능이라고
혀를 차던 사람들이
제 가슴에 꽂았던 비수를 뽑아

나뭇결을 쓰다듬고 길을 낸다
맥이 잡히고 피가 흐르면
점점이 새기는 칼끝 따라 꽃이 핀다

돈 못 벌어 고개 숙인 그가
죽은 나무에 말을 걸면
푸시킨, 릴케, 장자……

호접지몽 날아든 나비가
장미 덩굴에 앉아
악의 꽃에 앉은
나비가 선한지 꽃이 선한 것인지
누가 아느냐고 답을 해오면
자근자근 새겨낸 나뭇결의 노래
생살 돋은 나무의 영혼이
묵묵한 그의 미소에 스며든다.

현봉선생 2

그가 손가락을 다쳐 입원했습니다
나무결과 만나 새기던 미소가
국화 향을 타고 흐르던 그 숨결이 상했습니다

그 재주 많은 검지가 잘려서
그 손끝으로 열리던 뭇생명과의 접선이
끊길지도 몰라 먹장미처럼 물든 마음입니다

목석 같은 그가
색 바랜 침대에 누워
갈잎 같은 얼굴로
어디 돈 벌 데 없는가 묻습니다

돈도 되지 않는 시를 쓰는
한심한 누나는
돈도 되지 않는 글 새기는
측은한 동생을 향해

"네가 따뜻해서 내 가슴엔 자주
봄이 온다"

모든 돈이 되지 않는 것들의 마음에
봄을 새기던 내 동생
현봉에게 겨울이 깊습니다.

조야

가슴에 넣고 떠올리면 온몸이 환해지는 말
일테면 오월, 보리밭에 부는 바람
떡갈나무 이파리에 내려앉은 햇살
연두, 연두, 일렁이는… 조야
파드득, 나물 같은 조야

어둔 저녁 길섶에 낮달처럼 핀
치자꽃 같은 아이
생의 비탈길에서 이름만 떠올려도
온몸 환해지는 그런 존재 하나
내 곁에 있다면
생의 이유는 절절하고 여한 없는 것

한낮 성성한 욕망이 지친 피로와
좌절의 밤을 몰고 오면
뒤곁 돌담 가 감꽃처럼 웃기만 하던
천치 같은 내 동생
네 이름 하나 불러 보는 것만으로

등불처럼 환해지는 것
그런 사람 하나 갖고 사는 내가
무슨 슬픔을 말할까

제4부

도중하차

아이 자퇴서 내고 돌아오는 길
돌담 옆 은행나무 잎사귀 하나
떨. 어. 진. 다.
아직 열매 푸른데
바람도 없는 허공
무엇이 푸른 피 아픈 생을 떨구나

가을이 익을 때까지 기다리는 일
구원도 없는 십자가의 시간이었다고
목이 메는 네게
거짓 자퇴사유서 한 장은
고립일까 해방일까

날개 아픈 이파리 하나
가슴으로 떨어진다
안아 다독이기엔
너무 커버린 딸.

경쟁

착한 사람으로 살고 싶다는 사람과
착한 사람을 만나고 싶다는 사람과
착한 사람으로 살면 손해 본다는 사람과
얽히고설켜 먹고 먹히고

첫 번째 그는 착한 사람이 아니어서 사납고
두 번째 그는 착한 사람 찾아 눈에 불을 켠다
세 번째 그는 착한 사람 찾는 사람이 무섭다

그렇게 서로 숨바꼭질하는 동안

세상은 세 번째 그를 먹고 살이 찐다
나머지 그들은 성장, 발전, 성공의 깃발을 들고
서서히 사라져가는 세 번째 그를 찾아낸다
그는 이내 간이고 쓸개고 다 빼이고
도시의 뒷거리로 밀려난다

착한 사람은 점점 희귀종이 될 것이다

좀 더 착한 사람이 좀 덜 착한 사람에게
먹히다 보면 그들만의 천국이 기다릴 것이라고
굳게 믿는 경쟁 공화국 상위포식자는

착한 사람 제조기를 만들어야 한다고
주린 눈을 번득인다.

한낮

진보를 지향한다는 여자와
진보인 척하는 여자와
위장 진보 보수인 여자가
식당에 앉아서
이노무 세상을 안주로
저노무 세상으로 보내고 있다

그동안에
아이는 휴대폰 속에서 농아가 되어가고

진보가 되고 싶다던 그 여자가
나한테 손해 끼치는 자는 모두 보수라고 하는 찰나
위장 진보 그 여자가
속물을 한 잔 들이켜며

왜 지들만 다 해 먹냐고
회칼 같은 나이프 휘둘러
우적우적 튀김 돈가스의 살점을 씹는다

그래도 지구는 돌고
역사는 진보한다던

진보지상주의 그녀는
세월호 아이들 불쌍치만
나중에 역사가 밝혀줄 거니
우리는 밥이나 열심히 먹자고

아이들 눈동자 같은
완두콩을 맛있게 씹고 있다.

그림자놀이

도도새가 있었다
경쟁할 줄 몰라서
멸종되고 말았다

사람들이 있었다
배경이 없으면
경쟁 선에 설 수도 없다
그림자 없는 배경
그림자가 없으면
유령이다

경쟁에서 지면
이름도 성도 없다
유령처럼 살아가야 한다고
아홉시 뉴스에 방이 붙고

긴 그림자를 가진 사람들이
숲을 이루자

그림자 없는 사람들은

하늘도 볼 수 없었다.

돌멩이 탑

저곳에다 누가 희망을 품었을까?
물처럼 흐를 수 없어 돌이 되어버린 영혼들
끼리끼리 하늘을 넘보는 발돋움
세차게 흔들며 넘실대는 물살 위로
하필이면 저 탑을 쌓았을까?

바위처럼 안전할 수 없어 서러운 비정규직
기댈 데 없어 하늘밖에 볼 수 없는 농심
세파에 언제 쓸려갈지 몰라도

한때 바위를 꿈꾸던 돌멩이
한때 밀물로 몰려가 바위도 밀어냈던 돌멩이들

광장 앞 흔들리는 촛불 하나둘
하늘에 닿고 싶은 염원 간절하여
수만의 불빛 폭포수가 되길 꿈꾸다

휩쓸리며 부딪히며

안간힘으로 쌓았을 여울목 저 돌멩이 탑
무너지며 부딪히며 바위를 흔들 수 있다고
굳게 믿으며 버티고 있다.

금강산에 언제든 갈 줄 알았다

소 떼가 구름을 몰고 건너간 그 길
아이도 따라갔고
어른도 넘어갔던 60년 금단 길
수많은 사람이 걸어간 통일 길

반세기 염원이 닦아 놓은 그 길
베를린 장벽처럼 밀물 터지지 않아도
타박타박 만물상까지 통일로 걸어갈 줄 알았다

서울서 아침 먹고 금강산서 점심 먹으면
한솥밥 식구처럼 한 댓돌에 신발 벗고
등나무도 칡넝쿨도 끌어안고 풀어낼 줄 알았다

통일이 대박이라면서
금강산 길은 막아놓고
다시 돌아오지 않는 다리엔 풀씨 하나 솟지 못하고

짧은 그 방생의 시간

북으로 간 생명이 씨앗만 뿌려두고
돌아온 통일 길
아, 금강산, 아무 때나 밟을 줄 알았다.

정치가 내 결혼에 미친 영향

아버지가 결혼 밑천으로 떼어주신
암송아지 한 마리

사랑이 커갈 때 같이 컸던 송아지

황매산 등성이를 까고
호주산 얼룩소들이 정상을 누비던 독재자의 고향
그 뒷산 기슭에서 결혼을 꿈꾸던 내게 무슨 죄 있어
'소값 파동' 폭탄 내 사랑에 떨어졌나

이백만 원 넘게 팔리던 소 한 마리
이십만 원에 팔았다

정치가 나와 무슨 상관이냐고 방관했던
청춘, 그 순응의 대가로
나는 빚 시집을 갔고
한국소는 외양간에서 쫓겨났다

그때부터였다
정치가
외양간 송아지 한 마리
산등성 나무 한 그루의
삶마저도 좌우지 한다는 걸 알게 된 것이
1984년 그해 12월
나는 죄인처럼 시집을 갔고

30년도 더 지난 지금, 소들은
서양 이름의 괴질을 앓으며 산 채로 매장 당한다
정치가 또 소들을 죽이고 강들을 죽이고
내 아이들의 결혼을 위협한다

정치만큼 무서운 게 없다.

기아 소녀와 콘도르

등 돌리고 앉은 채 생을 접느라
기진한 몸 기도하듯 엎드린 어린 소녀
그녀가 죽어간다는 것을 아는 이는
그를 바라보는 콘도르 한 마리와 사진기자

자기의 때가 이르렀음을 시시각각 재며 부리를 닦는
그 새는 무심하고 초연하며 늠름하기까지 하다

세상의 곳곳에서 콘도르들이 살고 있다는 무성한 소문
포식자 세계는 콘도르와 죽어가는 소녀가 존재할 뿐이라는
합법의 옷까지 차려입은 약육강식 정당법

그 속에서 누군가는 죽어가고 누군가는 기다리고
벼랑 끝 죽음의 그림자가 유혹의 팔 벌릴 때
내 생명의 시간을 재는 그들을 본 적이 있다

그래서 더 살아야겠다고 독기 품으며 목숨을 붙들었지만

품위 있게 악수 하며 생을 넘겨주어야 할지도 모른다
아마도 그럴 것이다

콘도르는 구름으로 햇빛 가리고 몇 조각 뼈의 흔적을 남기며
죽어가는 생명 위에 십자가를 얹고
감사기도를 할 것이다
그리고는 웃으며 아침 뉴스에서 지난밤의 포식을 과시할 것이다.

아웃소싱, M&A, 강제철거, 정리해고, 공권력 투입……
피켓을 끌며 돌아가는 시위대 등 뒤에서
부리를 벼리며 축배를 드는 그들을 바라보며 오늘을 산다.

* 콘도르와 죽어가는 소녀 : 아프리카 공화국의 사진작가 케빈 카터는 이 사진으로 퓰리처상을 받았지만, 죽어가는 소녀를 외면했다는 비난을 받고 괴로워하다가 스스로 목숨을 끊음.

촛불광장의 아리아

오월 잔디 광장은
깃발 하나 꽂을 곳 없는
독재 정부의 노동법이다

그 속에서도
괭이밥이 씨앗을 맺었고
보도블록 이음새마다 새파랗게
개미자리 흰꽃이 소지처럼 피고
호미날에 줄기 잃고
밤새 생피 어렸던 반하는
제 피 버무린 자리에서
또 잎을 피웠던 날이 있었다

통일부 수장이 통일을 외면하고
환경부 수장이 운하를 파자는
언어도단이 떼장으로 얽혀

그 질기다던 바랭이 잎도

빛을 잃고
봄맞이꽃 씨앗 맺은 뿌리도
뽑혀 올라 시들고 마는
이 광장에서

언제까지 우리는 촛불을 들고
민주주의여 목이 메야 하나

아름다운 상상

아프리카 사막에
무한정 쏟아지는 햇살
써도 써도 닳지 않는
태양의 세례

사하라 사막에
햇빛발전소를 세우자
뜨거워서 굶어야 하는 아이들에게
선진국 핵발전소가 내린 저주에
죽어가는 아프리카에
하늘의 은총이 내리게 하자

밀양 산마을 이치우 할아버지네
뒷산에 송전탑 세워
나고 돌아갈 그네들 고향 빼앗고
쇠 탑을 세우고
나무들의 영혼 빼앗아
인간의 집에 불을 밝혀야 할까

핵 안보 정상회의는
핵 위험으로부터 지구를 지키자는 말
핵발전소 건설과 송전탑은
무엇으로부터 누구를 지키자는 안보인가

태양이 뜨겁고 절절하게
지구를 사랑하는 이유
밀양 상동 어른들은 아셨다

아프리카 사막 그곳에
넘쳐나는 태양의 은총을
지구가 골고루 나눠 갖는
햇빛발전소 세워야 한다.

안장

부엉바위 앞 광장에 앉아
당신을 저 안식의 지하로 보냅니다

바늘 하나 꽂을 곳 없었던
이 땅이 서러워 햇볕은 더 옹골찹니다

당신은 가볍고 가벼워 이제
아무도 끌어 내릴 수 없습니다

햇살은 뜨겁고 고추잠자리 몇 마리
한가로운 부엉바위 아래
그 무슨 일이 있었는지요

시간을 되돌려 당신을 붙들 수만 있다면
너무 무거워 바위 아래 누워버린 심신
안아줄 손길 하나 있었더라면

산산 곳곳에 깨알처럼

수많은 사람
함박꽃처럼 피어
함께 춤추었을 것을요

당신은 나비처럼 홀연히
하늘로 가시고

우리는
비석에 새긴 한마디
가슴에 안장합니다.

햇살 눈부신 거리에서

그때도 그랬겠지요
해 뜨고 달 지고 바람 부는 봄날
소녀, 까닭 없이 웃는 소리에
꽃잎이 놀라 피기도 했겠지요

시간이 세기의 바퀴를 돌려
소녀, 할머니 되었지만
그날, 앳되고 순순한 나물 뜯던 금이는
아직도
유폐된 자궁에 갇혀 끝없이 자라나는
악몽의 싹을 뽑고 있습니다

포탄이 짓이기고 간 그 자리
그들이 찢고 쏟아 넣은 살육의 씨앗들
성성이 살아나와 다시 장막 칠지도 몰라요
빨리 지워줘요, 아버지
아버지가 지키지 못해 허문 성에
위로와 속죄의 꽃 한 송이 꽂아주세요

대답해줘요 당신들, 그대의 아버지들이
여기에 심어놓은 검은 야욕 뽑아내기 전엔
나는 자랄 수도 늙을 수도 죽을 수도 없답니다

한숨 소리 기진한 수요일
무심한 발걸음들 힐끔거리며 지나가는
일본대사관 앞
햇살 눈부신 거리에서

조선의 어린 딸 금이가 순네가
치맛자락 팔랑이며 지나가는 아버지의 어린 딸들을
물끄러미 바라봅니다.

구조의 탑

끝이 보이지 않아 올랐습니다
소나무를 오르는 담쟁이처럼
단지 우리도 햇살이 절실하여
나 여기 있다!
그 끝에 가 닿기 위해 탑이 되었습니다

살려주세요, 살려, 주세요
숨을 쉴 수가 없어
더 높이 오를 수밖에 없었습니다

슈퍼 갑 그 아래 또 아래
아득한 저 아래
단지 같이 숨 쉬자고
철탑 끝으로 오른 비명

기원이 아니라 구조의 탑입니다.

해설

매일매일, 꽃의 전투(戰鬪)

소종민(문학평론가)

세상의 작은 것들에 손 내밀어

박덕선 시인은 "우리는 모두 꽃들의 자손"이라고 합니다. 꽃은 "낮과 밤이 만나 … 낳았다"(「꽃도둑」)고도 합니다. 그 꽃이 있어야 열매가 맺고, 열매는 뭇 생명들의 양식이 됩니다. 그렇기에 인간을 포함하여 우리 모두는 '꽃도둑'입니다. 세상에서 가장 어여쁜 도둑이긴 하지만, 이 도둑들은 아프고, 슬프고, 외로우며, 괴롭기도 합니다. 그래선지 시인은 한 걸음 더 나아가 "쓰리고 아픈 흙터가 뭉쳐 나를 키운다는 거/ 세상의 작은 것들은 다 알아"(「괭이밥」)라고 말합니다. 먼지처럼 작았던 흙터들이 뭉쳐 흙이 되고, 그 흙 속에서 샛노랗게 '꽃' 이 피어나 우리에게 외면하지 못할 사랑의 프로포즈를 합니다.

아픔 없이 피는 꽃은 없다는 것이 시인의 생각입니다. '세상의 작은 것들' 은 다 안다고 했듯이 '꽃의 아픔' 을 알아채려면 무엇보다 '작아야' 합니다. 커서는 안 되고 작아야 합니다. 나아가 높은 데 있어서는 안 되고 낮은 데 있어야 하겠지요. 위에서 내려다보아서는 '아픔' 은 보이지 않고 쪼그려 앉아 곁에서 보아야 합니다. 쪼그려 앉아 보도블록 사이에 핀 이름 모를 꽃을 보는 이들은 서서 바쁘게 거리를 걷거나 깜박이는 신호등을 보고선 내달리는 사람보다 작습니다. 앉은 이들은 대개 어린아이거나 노인이거나 아픈 사람들입니다. 아니면 백수겠습니다.

그런데, 시인은 사람들만 보지는 않네요. "내 손바닥에 툭 떨어진/ 새끼제비 한 마리"(「영접」), 필연 같은 우연으로 만난 새끼제비는 손바닥 위에서 곧 죽었습니다. 시인이 지어낸 상상이라 해도 놀라운 일이 아닐 수 없습니다. 실제 있었던 일이라면 더욱 그러하겠습니다. 종교에서라면 '영적인 순간' 이라고 할 만큼 신비롭습니다. 어떤 성스러움이 깃들어 있는 수수께끼 같습니다. 시인은 "막 잠든 주검을 안고 하늘을" 봅니다. 작고 귀한 어린 생명의 죽음을 '영접(迎接)' 한 시인의 체험은 남다를 수밖에 없겠습니다.

경남 하동의 지리산 기슭 마을을 돌아보던 시인의 눈은

'참새' 에도 가닿습니다. "빈 지붕에 참새 몇 마리 앉아/ 지들끼리 집보고 있다."(「빈집」) 풀이 무성한 빈집에는 사진 액자도 그대로 있고, 축담 밑에는 쟁기와 물동이와 나락 가마니서 여기저기 함부로 부려져 있고, 살던 이들만 없습니다. 외롭고 쓸쓸한 이 빈집을 '참새' 들이 지키고 있습니다. 사람들은 언제나 돌아올까요? 돌아올 기약이 없습니다. 병들기도 했을 것이고, 더러 고인이 되기도 했을 것이고, 다시는 돌아오지 않을 각오로 먼 타지를 찾아 나가기도 했을 것입니다. 사람살이의 어려움을 참새 몇 마리가 무심하게 빈집을 찾는 이들에게 증언합니다.

시인의 마음 한켠에 송아지 한 마리도 살고 있습니다. "화등잔 같은 큰 눈/ 다섯 살 우리 암소 막순이"(「막순이」)는 시인이 어릴 적 한집에서 먹고 자란 한솥밥 식구입니다. 서로 "잊을 수 없는 눈동자" 로 눈맞춤하고 몸 부비며 마당이며 동구 밖을 한껏 쏘다녔을 동무입니다. 살림 일으키라고 들인 송아지는 밥 굶는 사람식구들을 따라 울기도 했습니다. 이제는 사람 뱃속으로 들어갔을 수도 있을 '막순이' 는, 그러나 시인의 마음속에 잘 있습니다. 작고 해로울 것 없는 생명들을 시인은 다정한 시선으로 보듬고 있습니다.

이렇듯 '세상의 작은 것들' 을 대하는 시인의 다정한 마음은 아마 "뜨건 물 수채에 바로 버리면/ 그 아래 미물들 다친다고 식혀서 버리던/ 세상을 낳고 키운 할머니 어머니들."

(「살보리심」)한테서 비롯되었을 것입니다. 산목숨을 귀하게 여기는, 미물(微物) 즉 '세상의 작은 것들' 의 생을 소중하게 여기는 마음은 어머니의 마음입니다. 만물을 낳고 기르고 거두는 어머니는, 당신이 곧 어머니-대지(大地)입니다. 일찍이 해월 최시형 선생은 이렇게 말씀하셨습니다. "천지는 곧 부모요 부모는 곧 천지니, 천지부모는 일체니라. 부모의 포태(胞胎)가 곧 천지의 포태니, 지금 사람들은 다만 부모 포태의 이치만 알고 천지 포태의 이치와 기운을 알지 못하느니라."[1] 박덕선 시인은, 어머니와 할머니의 마음과 행동이 뭇 생명을 길러내는 근원이라는 걸 분명히 알고 있습니다. '천지부모(天地父母)' 가 하나라는 것 말입니다.

생의 맛이 쓰라릴 때

그래선지 시인은 어리고 작은 생명들이 상처 입고 목숨을 잃을 때, 본인도 넋을 놓는 듯합니다. 시집 『꽃도둑』에 실린 시들에는 유독 아픔이 많습니다. 아픔을 내색하지 않으려 애쓰는 모습도 많이 그려집니다.

1) 「해월신사법설」, 『최시형의 철학』(이화여대출판부, 2011) 131쪽.

사냥 온 선비한테 바친
순정으로 쑥부쟁이 피고
심청 같은 도라지
아비 빚 갚으러 늙은이한테
시집가는 날 죽어 꽃이 피었다

딸들의 죽음이 피운 꽃은
천지사방 흐트러져
탐욕 성한 벌들 먹여 살리고

벼꽃이 피운 살 발라먹고
살이 찐 아비들
도화꽃 다디단 엉덩이
툭툭 치며 불콰해 돌아온 날
너희들 먹여 살리느라 힘들다
꽃 때문에 못 살겠단다

점, 점, 점, 툭
꽃들이 진다.

—「꽃이 피는 내력」 전문

아비 빚을 갚으려 스스로 팔려간 딸들이 주검으로 돌아와도, 그 돈으로 주색잡기에 빠져서는 외려 너희들 때문에 못 살겠다고 윽박지르는 아비는 대체 어떤 씨앗인가요? 그 아비 또한 어머니에게서 태어나 길러진 씨앗입니다. 그의 딸들은 장차 또 다른 어머니—대지가 될 존재들입니다. 눈앞의 욕망에 휘둘려 한치 앞도 보지 못하는 아비들은 눈 먼 봉사들입니다. 아비의 모진 말 한마디는 꽃을 지게 합니다. 생각이라곤 한 톨도 깃들어 있지 않는 말은 그대로, 한 목숨 지게 하는 칼이며 창입니다. 더불어 살아가는 믿음을 깨뜨리는 무기입니다. 여성의 숱한 희생으로 목숨 부지하며 살아온 남성들의 무지(無知)는 대체 왜 생겨나는 걸까요?

시인은 말합니다, 그건 '그림자' 때문이라고.

사람들이 있었다
배경이 없으면
경쟁선에 설 수도 없다
그림자 없는 배경
그림자가 없으면
유령이다

(…)

긴 그림자를 가진 사람들이

숲을 이루자
그림자 없는 사람들은
하늘도 볼 수 없었다

—「그림자놀이」 부분

'그림자' 를 만들려고 오늘도 수많은 젊은이들이 스펙 쌓기 경쟁을 하고 있습니다. 개중에는 부모의 경제적 무능을 원망하고 좌절하여 상상치 못할 원한을 품고 하루하루 되는 대로 살아가고 있을지도 모릅니다. 그러다 살인을 하거나 자진(自盡)하기도 하지요. '착하게 사는 이들' 은 어떨까요? 이들은 세상의 밥입니다. "세상은 세 번째 그를 먹고 살이 찐다/ 나머지 그들은 성장, 발전, 성공의 깃발을 들고/ 서서히 사라져가는 세 번째 그를 찾아낸다/ 그는 이내 간이고 쓸개고 다 빼이고/ 도시의 뒷거리로 밀려난다".(「경쟁」)

이렇듯 모두를 '경쟁' 의 소용돌이로 몰고 가는 사회, 그 경쟁에서 승리하려고 발버둥치는 사람들이 더 공고하게 만든 경쟁의 구조. 우승열패(優勝劣敗)의 사회입니다. 그림자가 긴 우월한 이들이 승리하고, 그림자가 거의 없는 열등한 이들이 패배하는 사회입니다. 승리와 패배의 기준이 '화폐소득량' 이 된 것이죠. 돈은 세상의 모든 것과 교환이 가능한 절대적인 힘입니다. 아비들이 딸들을, 아내를, 그리고 어머니를 희생시킨 배경에는 돈이라는 '그림자' 가 있음을 박덕선 시인은 말합니다. 시인이 말하는 '그림자'는 아픔의 기원입니다.

하늘이 하늘을 먹고, 꽃이 꽃을 먹고

그렇지만, 시인은 이 험한 세상에 굴복하지 않습니다. 만물을 생성하는 어머니—대지의 힘을 화폐의 힘보다 더욱 믿기 때문입니다. 시인은 "하얀 십자가 야광복 입고/ 아직 어둔 골목에서 사람들이 껍질처럼 벗고 간/ 죄를 쓸고"(「노란 예수님」) 있는 환경미화원 아저씨에게서 '예수'를 봅니다. 또 "모든 돈이 되지 않는 것들의 마음에/ 봄을 새기던 내 동생"(「현봉선생 2」)에게서 봄의 힘을 얻습니다. 그래서 출구 없어 보이는 삶을 뚫고 "은어처럼 역류하는 일"(「손— 이카로스의 날개」)을 시인은 감행합니다. 마침내 시인은 커다란 통찰에 이르고 있습니다.

너를 먹어야 내가 산다.
아비는 어미를 먹고
어미는 아이를 먹고
아이는 조기 눈알
맛있게 빨고는 입맛을 다신다

하얗게 이승을 버린 쌀눈들이
순교자처럼 제단에 오르고
식탁 위의 세상에 고요히 먹힌다

씨눈의 살들을 맛있게 먹으며
살아 있는 것들은 죽어가고
죽어간 것들은
영혼도 없이 빛이 된다

내가 먹은 수천의 생명
나를 먹은 세상의 입들이
천연덕스럽게 모여
다정한 밥상 풍경이 된다.

—「즐거운 식사」 전문

얼핏 먹고 먹히는 잔혹한 풍경 같지만, 시인에게 '먹고 먹힘' 은 스스로 먹이가 되어 너를 배부르게 하고, 너 또한 스스로 먹이가 되어 나를 배부르게 하는 즐거운 일입니다. 서로 의지하며 함께 살아가는 인연(因緣)으로 얽혀 있다는 것을 시인은 말하고 있으며, 그 광경을 마음으로 보고 느낀 시인은 '다정하고 즐거운 식사' 로 표현했을 따름입니다. 해월 선생의 말을 다시 인용해 봅니다.

내 항상 말할 때에 물건마다 하늘「한울」이고, 일마다 하늘이라 하였으니, 만약 이 이치를 옳다고 인정한다면 모든 물건이 다 하늘로써 하늘을 먹는 것「이천식천, 以天食天」아님이 없을 것이니, 하늘로써 하늘을 먹는 것은 어찌 생각하면 이치에 서로 맞지 않는 것 같으나, 그러나 이것은 사람의 마음이 한쪽으로 치우쳐서 보는 말이요, 만일 하늘 전체로 본다면 하늘이 하늘 전체를 키우기 위하여 같은 바탕이 된 자는 서로 도와줌으로써 서로 기운이 되는 것을 이루게 하고, 다른 바탕이 된 자는 하늘로써 하늘을 먹는 것으로 서로 기운이 됨을 통하게 하는 것이니, 그러므로 하늘은 한쪽 편에서 같은 성질의 기운으로 씨앗을 기르게 하고, 한쪽 편에서는 다른 성질의 기운으로 씨앗과 씨앗이 서로 어깨 겯고 자라고 나아감을 꾀하는 것이니, 합하여 말하면 하늘로써 하늘을 먹는 것은 곧 하늘의 기운-됨「氣化」이 작용하는 것으로 볼 수 있는데, 수운(水雲) 선생께서 모실 시(侍)자의 뜻을 풀어 밝히실 때에, 안에 신령(神靈)이 있다 함은 하늘을 이름이요, 밖에 기운-됨이 있다 함은 하늘로써 하늘을 먹는 것을 말씀한 것이니, 지극히 묘한 천지의 묘법이 도무지 기운 되는 데에 있다.[2)]

2)「해월신사법설」, 앞의 책 197쪽. *필자의 의도에 따라 한자어 원문 몇 군데를 한글 낱말로 바꾸었다.

동학(東學)의 기본 교리 가운데, 특히 해월 최시형 선생의 말씀은 요즘 많이 언급되는 여성생태주의 사상과 기본적인 맥락을 같이 한다고 생각하여 애써 길게 인용하였습니다. "하늘로써 하늘을 먹는다"는 해월의 말은 "너를 먹어야 내가 산다"는 시인의 말과 상통합니다.

때로는 "생의 맛이 쓰라릴 때면 바쁘다고 말"(「변명」)할 수밖에 없는 것처럼, 사람 사이의 관계를 유지하는 것조차 몇 푼이라도 손에 쥐고 있어야 한다는 씁쓸한 자각이 시인의 가슴에 밀려오기도 합니다. 또 "아득한 저 아래/ 단지 같이 숨 쉬자고/ 철탑 끝으로 오른 비명"(「구조의 탑」)을 들어야만 하는 이 현실이 답답하기도 합니다. 그렇지만 "어둔 저녁 길섶에 낮달처럼 핀/ 치자꽃 같은 아이/ 생의 비탈길에서 이름만 떠올려도 온몸 환해지는 그런 존재 하나"(「조야」)를 만나기만 하면, 시인은 다시 기운을 냅니다. 서로 '이천식천(以天食天)' 하며 생의 기운을 얻는 것이겠지요.

생명의 전투

어떤 때는 스스로 홀로 기운을 내야만 한다는 걸, 시인은 너무나 잘 알고 있습니다. 난시(亂視)가 되어야만 '작은 것'

이 보이고, 세상 '대강대강 흔들리며' 살자고 웃기도 합니다. "맑은 눈으로 세상 보기가/ 실명으로 가는 길"(「난시」)이었다고 볏이 난데없는 고백을 해올 때, 시인의 미간에는 주름이 잡힙니다. 세상을 너무나 투명하게만 살 수는 없다는 사실, 꼭 그만큼 불투명하게 두루뭉술 넘겨야 하는 삶의 불가해한 단면들 앞에서 시인은 경건해집니다. 현실과 때론 타협하되 그 현실에 굴복해선 안 된다는 뼈아픈 깨달음의 순간이 온 것이겠습니다.

나하고 나랑 그렇게 창가에 앉아
무릎에 고개를 묻고 도란도란

세상이 나한테만 혹독하다고 하소연하는 내게
너는 가만가만 나직하게 내려다보며 뚝뚝 울어주었지

그동안 나를 위해 울어줄 시간마저도 없어서
가슴에 물이 찬 것이라고 다독다독

출렁이다 넘쳐서 범람할 거라고
악을 쓰며 바다로 가겠다고 하자

너는 바다 속에서 눈물이 된 그들 이야기를 들려준다

엄마들이 너무 많이 울어서 바다는 자꾸 넘치는 거야

네가 영롱하게 넘치는 술 한 잔을 건네며
인제 그만 바다로 간 새끼는 놓아주자고 말했을 때
술맛이 쓴 것이 아니라 짜다는 걸 알았네

그렇게 찰랑대며 바다를 마시며 놀았지
지는 해가 기우뚱 내 안에 빠져들 때까지
발갛게 놀았지

내 진실한 벗 나와
두 손을 마주 잡고 쓰다듬으며
세상에서 더없이 따뜻한 사랑을 나누었네.

—「종일 나랑 놀았다」 전문

큰 슬픔이 파도처럼 밀려와 격한 통곡의 시간을 보내고 난 뒤, 시인은 홀로 술잔을 기울이고 있습니다. 철저한 고독의 시간입니다. 하소연하는 나와 그 곁에서 함께 울어주는 내가 함께 있습니다. 악을 쓰며 격해져 있는 나에게 나는 바다 이야기를 들려줍니다. 나와 함께 어느덧 나는 놀이 질 때까지 '바다' 라는 술을 마시며 서로 기우뚱거리며 놀고 있습니다. 나는 나의 손을 쓰다듬고 있습니다. 세상에 대한 분노와 원망에 휩싸여 통곡하던 '나'는 이윽고 더없이 순해져서 든든한 자기 위로의 시간을 맞이합니다. 찰랑이며 가만히 쓰다듬는 물결에 몸과 마음을 맡겨 스스로를 다독이고 있습니다. 이렇게 또 한 세월, 흔들거리면서 넘어가고 있습니다.

그렇습니다. 박덕선 시인의 시들에는 흘러넘칠 정도로 생명력이 가득합니다. 뭇 생명들의 개화(開花)에 한껏 기뻐하고, 때 이른 결말에 생이 끝난 듯 슬퍼합니다. 무릇 생(生)이란 맘껏 피어나야 하는 것이기 때문이겠지요. 죽음이라는 종착역에 자연스레 도달할 때까지 생은 매순간 열리고 닫히는 과정이 반복됩니다. 시집 『꽃도둑』에는 쉬이 끝낼 수 없는 생의 여정들이 때로는 찬란하게, 때로는 캄캄하게 그려집니다. "비린내 가득한 생의 근원을 찾아/ 좀 더 기다렸어야 했나"(「풋콩 까는 시간」)하고 시인은 반성하지만, 아직 생의 전투는 끝나지 않았습니다.

여기저기에 "진보를 지향하는 여자와/ 진보인 척하는 여자와/ 위장 진보 보수인 여자가/ 식당에 앉아서/ 이노무 세상을 안주로/ 저노무 세상으로 보내고"(「한낮」) 있기 때문입니다. 세상의 위선(僞善)과 폭력에 맞서 시인은 지금 이 순간에도 이곳저곳에 출몰하면서 수많은 씨앗을 낳고 있을지도 모릅니다. 생명의 전투입니다. 슬픔이 오면 몸을 적시고, 기쁨이 오면 온통 마음을 열어 이들을 고스란히 받아 안는 능력이 시인에겐 있습니다. 그건 아무에게나 주어지지 않는 특별한 능력입니다.

이 하나 뽑아 기둥 세우고
살 섞어 터 잡고
힘줄 뽑아 서까래치고
내 핏줄 하나 질기게 엮는다
간 한쪽 떼서 바람벽 막고
헐떡이며 울타리 친다
마지막 심장의 동아줄 이어
내 피 넣어준
뜨거운 해 하나 세상에 떠오른다

—「임신」 부분

새로운 사랑의 힘으로, 박덕선 시인은 매일 '꽃'으로 피어나 새 생명을 잉태하고 있는 중입니다. 세상을 세상답게 만드는 생명의 집을 짓고 있습니다.